creative problem solving kids

世界一やさしい
【右脳型】問題解決の授業

渡辺健介

ダイヤモンド社

まえがき

　あなたが解決したいその何かのために、右脳を生かそう。
　クリエイティビティを解き放とう。
　右脳を生かすことによって、人々の心の琴線に触れ、ワクワクするような解決策を生み出せるようになるから。
　では、それはいったい、どうやればよいのでしょうか？
　その答えを求めてビジネス、エンジニア、ファッション……さまざまな業界の先人たちが試行錯誤を通じてメソッドを確立してきました。

　どのように問題を発見するのか？
　どのように発想するのか？
　どのようにアイデアをカタチにするのか？

　それらのメソッドの根っこは驚くほど似ています。
　本質は一緒なのです。
「Don't reinvent the wheel（車輪を発明し直すな）」
　先人の知恵を生かさなかったら、あまりにももったいない。
　前著『世界一やさしい問題解決の授業』は、論理的に問題解決をする手法についてでした。いわば、「左脳」の生かし方です。
　それに対して本著では、「右脳」を生かし、クリエイティブに問題

を解決する手法をお伝えできればと思います。

　この手法は、世の中を変えるような新しいビジネスや「Wow！（わぁ、すごい！）」と人々を感動させるような商品を生み出すためだけでなく、日々より良い仕事をするため、さらには友人のサプライズパーティーを企画するなど、日常に彩りを与えるためにも生かせるものです。

　これまで10年間、子供たちに、そして日本や世界を代表する企業に対してこのメソッドを教えてきました。

　この授業を受けると、みんな目をキラキラさせ、「楽しい！　僕も意外とクリエイティブだ！」「このスピード感で考え、カタチにしなくては！」、そして「世の中の見方、そして自分の中の何かがガラッと変わった」と言います。

　読者のみなさまの中でも何かが変わり、夢をカタチにする後押しになればうれしいです。

　さぁ、授業を始めましょう！

デルタスタジオ

渡辺健介

contents
目次

まえがき……002

1限目
右脳型問題解決とは？

"右脳型" 問題解決とは？……008
オープニング 世界最高のイノベーター集団「豆電トリオ」……012

2限目
ペインポイントをつかみ、問いをたてる

ペインポイントとは？……018
1 そもそも何のため？……020
2 観察する。共感する……022
sheet 観察・体験シート……026
3 ワクワクする問いをたてる……028
sheet ワクワク問いたてシート……029

3限目
アイデアを広げて、絞る

素晴らしいアイデアを生み出すには……032
1 数、数、数……034
method ボックスチャレンジ……035

2 ヒラメキ素材を集める……038
3 発想法を使う……042
method ズラシ法……042
method ランダム法……045
method 常識を破る法……048
4 「見える化」して絞る……053
method いいね！マップ……053

4限目
カタチにし、テストする

早く失敗し、早く学ぶ……060
1 説明するな、体感させよ……062
2 反応を見る。質問をする……063
sheet 学びキャッチャー……066
ＧＢを目指そう！……068
エンディング さぁ、結果は……？……072

あとがき……076
謝辞……080

巻末付録
この本のまとめ……084
おすすめグッズ……088

1限目
右脳型問題解決とは？

"右脳型"問題解決とは？

　右脳型問題解決力とは、自分の感性を生かして問題を発見し、クリエイティブに解決する力のことです。
　左脳を生かし、論理的に考えるだけでは、なかなかブレークスルーとなるような解決策は生み出せません。
　みなさんは右脳を生かして問題解決できていますか？
　右脳型問題解決ができる人のイメージがより具体的に伝わるように、まずは真逆な4人のキャラクターをご紹介しましょう。
　ひょっとして、あなた自身の中に、そしてあなたの周りにこんな人たちはいませんか？

カチコチくん：「これはこういうものだから」「これがうちの昔からのやり方だから」と、過去の考え方や常識にとらわれて、頭がカチコチに固まってしまっているタイプ。いまのやり方を疑うことも、より良い方法がないかと問うこともない。誰かが新しいチャ  レンジをしようとすれば、「なに熱くなっちゃってるの？」と皮肉を言い、誰かがアイデアを出せば、「でも」と反射的にダメ出しして、すぐさま否定する。

ひとりよがりちゃん：自分の技術や感性を信じて、ひたすら突き進むタイプ。カタチにしたものがヒットすれば、「ほれ、見ろ。ワタシ天才！」。受け入れられなければ、「ワタシのセンスがまだわからないかぁ。時代よ早く追いついてこい」と、なぜかうれしそう。芸術ならひとりよがりでいいかもしれないけれど、人に必要とされないアイデアでは問題は解決できません。

ねぇ、ねぇちゃん：アイデアを自分で考えようとせず、「ねぇ、何が不満？」「ねぇ、何が欲しい？」と他人の意見を聞いてばかりいるタイプ。

あなたが問題を解決してあげたい誰かの意見を聞くことは大事だけれど、それだけでは本人でさえ気づいていないような不満点は発見できないし、問題を解決するアイデアを考える「作家」は彼らではなく、あなたなのです。

かかえすぎくん：途中で誰かにアイデアをぶつけて、反応を見ることも、意見をもらうこともなく、自分が完璧だと思うまで抱え込んでしまうタイプ。時間と労力とお金をかけた後で、初めて誰かにぶつけて、欲してもらえないものだったと気づいても後の祭り。途方にくれるしかありません。

　一方、**右脳型問題解決キッズ**は、第一に好奇心・変革心が旺盛です。常識やこれまでのやり方を前向きに疑い、常により良い方法がないかを考え、カタチにしようというエネルギーに満ちあふれています。

　そして、次の３つのステップを高速で回し、主体的に問題を発見し、クリエイティブに解決していきます。

Step1 ペインポイントをつかみ、問いをたてる：
自らの感性を総動員し、観察や体験を通じてペインポイント（「痛む」ポイント：不満や悩みの種）をつかみ、解決すべき問いをたてる。
Step2 アイデアを広げて、絞る：
ヒラメキ素材や発想法などを生かして、たくさんアイデアを生み出したうえで、最良のアイデアを選択する。
Step3 カタチにし、テストする：
アイデアをすぐカタチにし、相手にぶつけることによって、得た学びをすぐさま生かす。

　右脳型問題解決キッズであっても、最初から素晴らしいアイデアが出てくることはまれで、大半はゴミ箱行き。そして「これだ！」と選び抜いた解決策でさえ、失敗することも多いものです。

右脳型問題解決のプロセス

Step1 ペインポイントをつかみ、問いをたてる

Step2 アイデアを広げて、絞る

Step3 カタチにし、テストする

　しかし、右脳型問題解決キッズは、失敗からも必ず何かをつかんで、3つのステップをめげずに回し続けるからこそ、ほかの人よりも断トツに成功率が高くなるのです。

　みなさんは右脳型問題解決キッズでしょうか？
　それとも、ほかのキャラクターでしょうか？

　では、これから世界最高のイノベーター集団「豆電トリオ」の物語を通じて、右脳型問題解決の具体的な実践方法をひもといていきましょう。

オープニング
世界最高のイノベーター集団
「豆電トリオ」

　ちょっと大きな声では言えませんが……みなさんは、あの「豆電トリオ」を知っていますか？

　ピカ子、おヒゲ、ツルリの3人組。

　豆電トリオは表立って活動をすることはないですが、「知る人ぞ知る」世界最高のイノベーター集団です。

　なんと、シリコンバレー発のあの検索エンジンも、スペインのビルバオのあの美しく斬新な美術館も、世界的ファッションブランドのあのポルカドットバッグも、すべて豆電トリオが生み出したと噂されています。

　クライアントと機密保持契約を結んでいるので、彼ら自身の口から

は話せないのですが……。

　豆電トリオは、題材はなんでもこい。彼らは右脳を生かしてクリエイティブに問題解決をする、プロフェッショナルなのです。

　つい先ほどのことです。
　カラカラン！
　鈴のついた事務所のドアが少し開き、ショートカットのつぶらな瞳の少女が、ひょいと事務所をのぞき込みました。
「豆電さんの事務所ですか？」
「あのぉ、運動会はどうすれば面白くなりますか？」

　この子の名前は、アンズちゃん。話を聞いてみると、どうやらご両親が「運動会なんて、子供にとっても、大人にとっても、あんなにつまらんものはない。行かん。行かん。あんなもん絶対に行かんぞ！」と言って、見にきてくれないというのです。
　そして、アンズちゃんは恥ずかしそうに、ちょっと申し訳なさそうに、握りしめていた５円玉を差し出しました。
　すると、困惑した顔のおヒゲとツルリの間をすっと抜けて、ピカ子がアンズちゃんのもとに駆け寄り、にっこりとほほえんで言いました。
「アンズちゃん、明日、お友達を３人連れてきてくれるかな。お姉ちゃんたちが知っているコツは全部教えてあげるから、自分たちの力で考えて、カタチにするのよ。いいわね？」
「うん！　連れてくる！」

　少女は愛くるしい笑顔でうなずくと、ドアの前でまた振り返り、ペコリとおじぎをして、元気よく事務所を飛び出していきました。

　この少女の小学校の運動会は、半年後の秋。参加者、そして観戦者も熱狂するような運動会を、はたして実現できるのでしょうか？
　もちろん、豆電トリオが少女たちに伝授した「右脳を生かして問題解決をする㊙のコツ」も知りたいですよね？

　では、こっそりのぞかせてもらいましょう。

2限目
ペインポイントをつかみ、問いをたてる

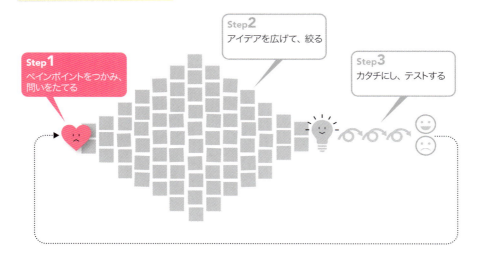

右脳型問題解決の
プロセス

Step1 ペインポイントをつかみ、問いをたてる

Step2 アイデアを広げて、絞る

Step3 カタチにし、テストする

ペインポイントとは

　ペインポイント（「痛む」ポイント）とは、不満や悩みの種のことです。普段から気になっている「ペイン（痛み）」もあれば、本人も気づいていないけれど、言われてみれば「そうそう、確かに！」と思わずうなずいてしまうものも多くあります。

　右脳型問題解決は、まずこのペインポイントをつかみ、解決すべき問いをたてることから始まります。

　論理的アプローチを好む人は、データ分析、インタビュー、アンケ

2限目 ペインポイントをつかみ、問いをたてる

ートなどに頼りがちですが、そういった手法では、本人が自覚しているペインポイントしか把握できません。

「もっと速く」「もっと小さく」「もっと安く」など、よくありがちな相手のリクエストに応えているだけでは、相手の想像を超え、「Wow！（わぁ、すごい！）」と感動させるようなアイデアはなかなか生み出せないのです。

では、どうしたらいいのでしょうか？

具体的には、3つのコツがあります。

① 「そもそも何のため？」と問う
② 観察する。共感する
③ ワクワクする問いをたてる

これから、それぞれ詳しく見ていきましょう。

1 そもそも何のため？

　1つ目のコツは、「そもそも何のため？」と問いかけることです。「顧客が欲しいのはドリルではない。穴が欲しいのだ」という、世界的に有名な教授の名言があります。ドリルが欲しい人の根っこの目的は穴を開けることであって、ドリルはその目的を達成するための数ある手段の1つでしかないのです。

　しかし、私たちはついつい目的と手段を混同し、穴という目的ではなくドリルという一手段にとらわれ、ドリルを使う際のペインポイントや、既存のドリルの延長線上にある解決策しか考えなくなってしまうものです。

　アンズちゃんたちは1つ目のコツを教えてもらうと、さっそく校長先生を訪ね、「そもそも何のために運動会をやっているのですか？」と聞いてみました。

　すると校長先生は、ドキッとしつつも「それは良い質問だな！　正

アンズちゃん

友達：双子のさくらんぼちゃん

友達：レモンくん

メロン校長

直考えたこともなかったよ。運動会は毎年秋にやるものだと思ってなんとなく続けてきただけで……」と感心した様子。

いろいろと考えた末に、「①生徒に体を動かす楽しさを体感してもらう、②保護者と生徒に目一杯楽しんでもらい素晴らしい思い出を作ってもらう、③学校の全員が1つになる」ことが運動会のそもそもの目的だと語りました。

そして、「この3つの目的さえ達成できればいいよ。面白い提案を待っているよ！」と温かい言葉をかけてくれました。いい校長先生ですね。

アンズちゃんたちは、「そもそも何のため？」と問いかけたことで、根っこの目的が明確になり、これまでの典型的な運動会を改善するといった一手段にとらわれることなく、より幅広くペインポイントや解決策を考えられるようになりました。

既成概念にとらわれないためにも、みなさんもぜひ、「そもそも何のため？」と問いかけてみてください。

2 観察する。共感する

　データ分析やインタビューだけでは、画期的なアイデアにつながるようなペインポイントはなかなかつかめません。現場に出かけて、アンテナを張りめぐらせながら、表情、ふとしたコメント、ちょっとした行動を「観察」し、相手に「共感」することで、本人でさえ気づいていないようなペインポイントや深い洞察を得ることができるのです。

　さらに、時には自ら体験することも有効です。自分の感性や独自の視点を生かしてペインポイントをつかむのです。

　ついつい忘れがちですが、私たちも1人の人間です。年齢や性格など多少の違いはあっても、みな同じ人間です。自分が「ペイン（痛み）」だと感じるものには、自分以外にも「ペイン（痛み）」と感じる人たちがいるはずなのです。

　さぁ、アンズちゃんたちの様子をのぞいてみましょう。

　放課後、豆電トリオの事務所に集まったアンズちゃんたちが、運動会委員のアンケートをながめています。

「昨年の運動会の満足度、100点満点で平均65点だって。うーん、いい点数ではないけど、すごく悪いわけでもないし……」

　4人でアタマを抱えていると、ピカ子がピシッと言いました。
「ダメよ、こんな部屋の中でデータばっかり見ていたら！　さぁ、現場に行かなくちゃ！　観察！　観察！」
　ピカ子によれば、ちょうど明日、隣町の小学校で春の運動会が行われるとのこと。
「現場は宝の山よ。ひとりひとりの感性でペインポイントをつかんでくるのよ！」と子供たちの背中をポンとおして送り出しました。

　次の日、早朝からアンズちゃんたちが手分けをして運動会を観察してみると、データからは見えない課題が浮かび上がってきました。
　競技を観戦している生徒たちを観察したときのこと。盛り上がっているかと思いきや、そうでもないようです。

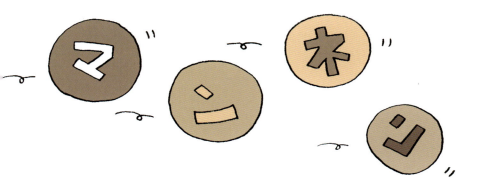

「走って、大玉を転がして、つなひき? 毎年同じでもう飽きたよ」という声が聞こえてきました。どうやら競技自体がマンネリ化していて、楽しくないようです。

そして、「いま、赤白どっちが勝ってる?」「さぁ。どうでもよくない?」「あの足の速い人、誰?」「知らない。高学年だもん」という会話も聞こえてきました。

さらには、ある生徒につきっきりで観察してみると、出番はほとんどなく、6時間の中で3競技合計30分参加したのみ。9割の時間は退屈そうに、昨日見たアニメの話やうわさ話をして、地面にもくもくと木の枝で落書きをしていました。そして「僕ががんばったところで、何も変わらないし」とボソリ。

勝つメリットはないし、同じ赤組・白組でも知らない子が多いし、

出番があまりにも少ないし、自分ががんばったところで勝敗に大きな影響はないと思ったら、そりゃ盛り上がらないよね、とアンズちゃんたちは思いました。

　そして、運動が苦手そうな子が50メートル走に出たときのこと。列に並ぶとキョロキョロと落ち着きなく不安そうな様子。いざ走り出したと思ったら、「見ろ、あいつの走り方うける！　ちょー遅いんだけど」とケラケラ笑われている姿を見て、運動が苦手な子にとって、いまの運動会は、どれほどつらいイベントであろうかと痛感しました。

　さらに、保護者の行動も観察してみました。早朝からお弁当を作ったうえで、場所取りをしたり、ビデオを撮るだけで手一杯になったり、数少ない我が子の出番のため、炎天下で大変そう。親にとってもペインポイントがたくさんあることが手に取るようにわかりました。

　「今日は観察してみて本当によかった！　ピカ子さん、ありがとう！」豆電トリオのオフィスへ戻ってくると、アンズちゃんは満面の笑みを浮かべ、ピカ子にペコリとアタマをさげました。

　そして「観察・体験シート」のメモや、撮影した写真や動画を見せながら、観察から得た気づきを興奮気味に説明しました。

　特に次の３点が重要なペインポイントだと思ったようです。

❶生徒も親も全然のめり込んでいない、盛り上がっていない
❷運動が苦手な子が恥をかいてかわいそう
❸保護者は、早朝からのお弁当作り、炎天下で場所取り、観戦、撮影と大変そう

観察・体験シート

 見たこと、聞いたこと、感じたこと

- 「走って、大玉を転がして、つなひき？　毎年同じでもう飽きたよ」
- 「いま、赤白どっちが勝ってる？」「さぁ。どうでもよくない？」
- 「僕ががんばったところで、何も変わらないし」
- 「あの足の速い人、誰？」「知らない。高学年だもん」
- 出番は3競技合計30分のみ。9割の時間は退屈そうに昨日見たアニメの話やクラスの噂話をずっとしている。地面に落書きしている子を多数目撃
- 「うちの子次の出番はいつかしら？」「1時間後くらい」「えー！」
- せっかく自分の子供の順番になっても、豆粒のように小さくしか見えない

（運動が苦手そうな子が50メートル走に出るときの様子を観察）
- 列に並ぶとキョロキョロと落ち着きなく不安そうな様子
- 走り出したら「見ろ、あいつの走り方うける！　ちょー遅いんだけど」とケラケラ笑われている

- 保護者は早朝から場所取り合戦（バーゲンセールのように校門が開き次第駆け足で陣地取りする姿を目撃）
- 「お弁当作りのために、今日は5時起きよ。あぁ眠い」
- 「暑い…もうダメ、お父さんちょっと日陰で休んでくる」（親は炎天下でずっと立ったまま観戦していて大変そう）
- 「ちょっと前が邪魔で撮れないなぁ…」ようやく自分の子供の出番になっても、うまくビデオや写真を撮れなくていらついていた

そして、これで本当に校長先生が掲げる3つの目的を達成できているか疑問に思ったようです。どうやら、データ分析やインタビューだけからでは得られなかった収穫があったようですね。

みなさんも部屋にこもって分析をするだけでなく、ぜひ、現場に足を運んでみてください。

 ペインポイント

- 生徒も親も全然のめり込んでいない、盛り上がっていない
  - 競技自体がマンネリ化して魅力がない
  - あまり勝ちたいと思っていない
  - チームの一体感がない
  - 出番が少なく、待ち時間が長い
  - 近くで見られない、臨場感がない

- 運動が苦手な子が恥をかいてかわいそう

- 保護者は、早朝からのお弁当作り、炎天下で場所取り、観戦、撮影と大変そう

3 ワクワクする問いをたてる

　ペインポイントをうまくつかんだら、次は創造力を刺激するようなワクワクする問いに置き換えていきます。
　さっそく、豆電トリオの例で見てみましょう。
「生徒も親も全然のめり込んでいない、盛り上がっていない」というペインポイントのままだと、なんだか暗い気持ちになってしまいますよね。
　では、ペインポイントを次のような問いに変換してみたらどうでしょうか？
「どうすれば生徒にとっても親にとっても、1年で最も興奮し、10年後も20年後も話さずにはいられないような楽しい運動会になるか？」
　今度はワクワクしてクリエイティブな解決策を考えたくなってきませんか？
「どうすれば」という言葉を入れることで、解決策を前向きに考えられるようにアタマを切り替えるのです。
　そして、単に「楽しい運動会」ではなく、「1年で最も興奮し、10年後も20年後も話さずにはいられないような」という、より具体的でワクワクする表現を入れることで、目指す楽しさの基準をグッと高めるとともに創造力をかき立てることができます。
　たとえば「ニッポン！　ニッポン！」とみんなで熱中して観戦したサッカーワールドカップ日本代表戦の興奮さえも超えるようなアイデ

ア、さらには同窓会や家族の集まりで話題にのぼり続けるぐらい楽しいアイデアを考えようとして、脳にスイッチが入るのです。

アンズちゃんたちは、ピカ子に教えてもらった「ワクワク問いたてシート」を使って、それぞれのペインポイントを下の図のような問いに変換しました。

今回は一番上の問いについて解決策を考えていきましょう。

さぁ、次は「アイデアを広げて、絞る」ステップに進みます。

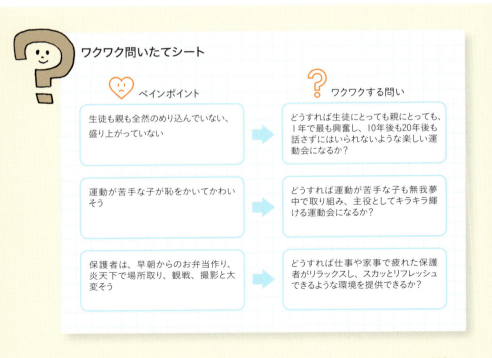

3限目
アイデアを広げて、絞る

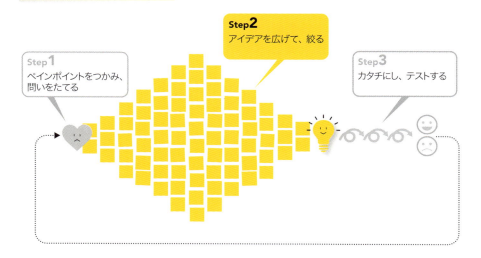

素晴らしいアイデアを生み出すには？

　解く価値のあるペインポイントをつかんで、ワクワクする問いをたてたら、次は解決するためのアイデアを考えます。
　しかし、一体どうすれば良いアイデアを考えられるでしょうか？
　素晴らしいアイデアを生み出す人のアタマの中は、ブラックボックスで見えないものですが、これからそのヒミツを教えます。
　良いアイデアを生み出せるか否かは才能やセンス次第と思われがちですが、誰もが活用できるコツが存在するのです。

　これからアイデアを広げるための3つのコツと絞るためのコツを1つ紹介します。

① 数、数、数
② ヒラメキ素材を集める
③ 発想法を使う
④「見える化」して絞る

　それでは、アイデアの広げ方から順を追って見ていきましょう。

1 数、数、数

　良いアイデアを生み出すためには、とにかく数を出すことが重要です。2つ3つ考えただけで、素晴らしいアイデアが生まれることなど、めったにありません。

　しかし、私たちはアイデアを出す際に、「でも、これは大したアイデアではないなぁ」とか、「でも、それは実現できないでしょ」とすぐに打ち落としてしまいがちです。

　そこで、アイデアを広げる段階では、「でも」ではなく、「いいね」を心がけてください。「でも」とすぐ否定するのではなく、どんなアイデアでも「いいね」と前向きに受け入れ、何らかの良い点を見つけ出して、アイデアをふくらませてみてください。

　自分にもチームメンバーにも「でも」ばかり言っていては、誰もアイデアを出さなくなってしまいますし、一見いまいちなアイデアやバ

カげたアイデアをもとに、斬新なアイデアが生まれることもあるのです。

method ボックスチャレンジ

さて、アンズちゃんたちの様子を見てみましょう。

「数、数、数……」ぶつぶつとつぶやきながら、アタマをひねっている4人。まずは、たくさんのアイデアを出そうとがんばっていますが、あまりはかどっていない様子。

そんなとき、ツルリが助け舟を出しました。

「みなさん、少しお時間よろしいですか？ もっともっとアイデアを広げましょう。そして、ダラダラと考えるよりも、短い時間で区切った方が案外アイデアは出るものですよ」

そう言って、白い紙を取り出しました。

「ボックスチャレンジをやってみましょう。紙を8分割に折ってください。1マスに1個、1分以内でアイデアを書き込んでいってください。みなさん、準備はよろしいですか？ よーい、スタート！」

ボックスチャレンジ（Box Challenge）

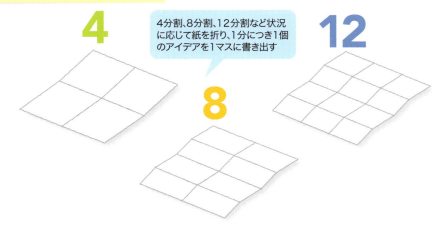

4分割、8分割、12分割など状況に応じて紙を折り、1分につき1個のアイデアを1マスに書き出す

　いつもジェントルマンのツルリ。4人のがんばりに心を動かされ、何か力になれないかと思ったようです。

「1分経過……2分経過……」

　1分に1個というプレッシャーの中、アイデアの良し悪しを気にする暇もなく、一心不乱に手を動かす4人。最初は「ツルリさん、1分にアイデア1個考えるなんて絶対に無理ですよー！」と言っていた4人も、なんと全員、時間内に8個のアイデアを考えつくことができました。

　時間制限を設けることで、脳をフル回転させ、期末試験5分前の「火事場のバカヂカラ」を強制的に引き出すのです。みなさんも、1つのアイデアにとらわれているな、ダラダラと考えているな、と思ったらぜひ試してみてください。

アンズちゃんの
ボックスチャレンジ

アイデアをひと言で表す
タイトルを入れる

3限目　アイデアを広げて、絞る

絵と言葉で
表現する

聖火リレーをする

保護者競技も得点になる

リプレイシーンを
大画面で見られる

TOTO運動表
1位　____
2位　____
3位　____
結果を予想、
当たると
賞品が
もらえる

流行の
競技を
取り入れる
ボルダリング

赤組・白組を
自分たちで選べる

スマホで
結果速報

事前にチームビルディングする
1〜6年生　合同練習

上手な絵で
なくてもよい

037

2 ヒラメキ素材を集める

　まずは、アイデアをたくさん出すことが重要だと言われても、次第に行き詰まってしまいますよね？　そんなときは、発想のヒントになりそうな「ヒラメキ素材」を集めてみてください。

　素材がなければ料理はできないように、素材がなければアイデアは生み出せません。集めたヒラメキ素材を壁に貼り出して、それらをながめながらアイデアを考えると、脳が触発されて再びアイデアがわき出てくるはずです。

　アンズちゃんたちは、面白い運動会やスポーツ関連のイベントだけでなく、そのほかにも触発されそうなヒラメキ素材を幅広くインターネット検索や図書館で集めてきました。いくつかご紹介しましょう。

ウェイターズレース：ウェイターズレースとは、1930年代にフランスのパリで始まったレースで、トレーを片手にどのウェイターが5マ

photo : Getty Images

photo : Getty Images

イル(約8キロメートル)を一番速く駆け抜けられるかを競うレースです。走るのはパリの街中。そして、もちろん片手にはボトルとグラスがのったトレー。ボトルやグラスを割ってしまったら失格となります。

メドックマラソン：メドックマラソンとは、赤ワインで有名なフランス・ボルドーのメドック地区で開催されるマラソンで、美しいブドウ畑の中をシャトー(ワイン醸造所)をめぐりながら走ります。ランナーは仮装して走り、20以上の給水ポイントではなんと、ワイン、チーズ、生ガキ、ステーキなどが振る舞われ、グルメを満喫しながらゴールを目指します。

『くらべる図鑑』：子供に人気の『くらべる図鑑』(新版、小学館、2016年)。「くらべてみれば、ひと目でわかる！くらべて初めて、ち

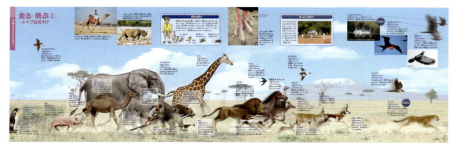

小学館の図鑑NEO＋ぷらす『くらべる図鑑 [新版]』より

がいがわかる！」というキャッチフレーズで、いろいろなモノの大きさや速さ、特徴などを数字だけではなく、大迫力のビジュアルで比べている図鑑です。

　アンズちゃんたちは特に、動物が走るスピードを比べた図に刺激を受けたようです。

　ヒラメキ素材は、今回の例で言えば、他校の運動会の事例のような「近い」素材だけではなく、一見無関係にも見えるウェイターズレースや『くらべる図鑑』などの「遠い」素材も集めてください。「近い」素材をもとに発想しても、すでに使い古されたアイデアしか出てこないことが多いですが、「遠い」素材をかけ合わせることで、新たなブレークスルーとなるようなアイデアが生まれることがあるのです。

　そして、ヒラメキ素材は問題に直面してから集めるだけではなく、常日頃から好奇心をもって集めておくことが重要です。「面白い！」と思うものと出会ったら、その場ですぐにどうして面白いかを考えてみてください。そして可能であれば写真を撮る、またはメモをしておくのです。そうすると、ふとしたときに生きてきます。

なお、ヒラメキ素材は長々とした文章で説明するよりも、写真や絵のようにひと目でわかるようにすること、そしてそれらを壁に貼り出してながめながらアイデアを考えることをオススメします。
　見ただけで伝わる情報の方が脳をより触発し、新たなアイデアを生み出しやすくなります。
　みなさんも、これらのヒラメキ素材をながめながら、3分間アイデアを考えてみてください。そのまま真似をするのではなく、連想して何か新しいアイデアを生み出してくださいね。
　さぁ、何か良い運動会のアイデアは思い浮かびましたか？
　アイデアが出てこなかった方も心配しないでください。次は、誰もがより良いアイデアを考え出せるようになるアタマの使い方をご紹介します。

アタマの中だけで考えるよりも、壁に貼り出して眺めた方が脳が触発されやすい

3 発想法を使う

　発想法を生かせば、素材から連想してアイデアを生み出す力や、固定概念にとらわれないアイデアを考え出す力がグッと高まります。
　では、そんな発想法を3つご紹介しましょう。

method ── ズラシ法

　1つ目は「ズラシ法」です。「ズラシ法」とは、何か面白いモノ、気になるモノに触れたら、そのコンセプトを抽象化し、ズラすことで

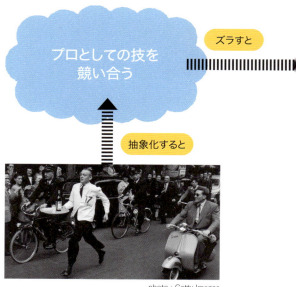

photo : Getty Images

アイデアを生み出す手法です。

　アンズちゃんたちは、「ウェイターズレース」のヒラメキ素材をもとに「ズラシ法」を活用してみました。
「ウェイターズレース」は「ウェイターがトレーで飲み物を運ぶ速さを競うイベント」ですが、抽象化すると「プロとしての技を競い合うイベント」ですよね。

　では、小学生のプロとしての技とは何でしょう？

　小学生は遅刻や忘れ物をせずに登校して、授業を受けて、給食を食べて……。

　すると、アンズちゃんがヒラメキました。

「そうだ！　スーパー小学生運動会っていうのはどうだろう!?　たとえば、黒板消し競争とか、給食盛り付け競争とか、雑巾がけ競争と

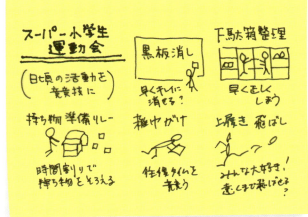

かをするの！」

「よし、この調子だ！」とアンズちゃんたちは『くらべる図鑑』もズラしてみました。抽象化すると「違いやすごさを見える化する・体感できるようにする」ですよね……。
　今度は、アンズちゃんのお友達がヒラメキました。
「あ！　小学生と比べてオリンピック選手がどれだけすごいか体感できたら面白くない⁉　たとえばボルト選手がどれくらい速いのかを体感するとしたら……」
「そうだ！　徒競走でダンボールに描いたボルト選手の絵をラジコン

小学館の図鑑NEO＋ぷらす『くらべる図鑑 [新版]』より

にのせて走らせるのはどうかな？　名前は、オリンピック超人体感運動会！」

おっ、面白いアイデアが出てきていますね。

実はこの「ズラシ法」、ハリウッド映画を作るときにも使われているのです。映画『エイリアン』は、「これは宇宙の『ジョーズ』だ」と言って企画を売り込み、作られたと言われています。

method　ランダム法

次に「ランダム法」をご紹介しましょう。「ランダム法」とは、ランダムに素材をかけ合わせてアイデアを考える発想法です。

散歩をしながら偶然目にしたものでも、辞書の1ページをパッと開いてランダムに指でさした言葉でも、1人でしりとりをして出てきた言葉でもいいので、それらをもとに連想してアイデアを考えてみるのです。

ランダム法

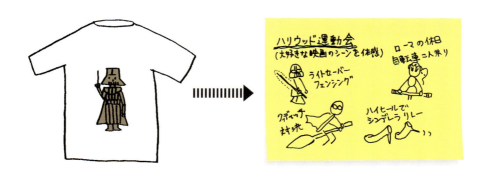

　自分で意識的に集めたヒラメキ素材は、どうしても自分の思考パターンや知識の枠に縛られるものです。ランダムな素材を活用することで、思いもよらなかった視点や新たなアイデアを得るきっかけを作るのです。

　アンズちゃんたちもさっそく「ランダム法」を使ってみました。「では、ランダム素材は……これにしよう！」と、ピカ子は目の前にいるアンズちゃんの男友達が着ている『スター・ウォーズ』のダース・ベイダーの絵が描かれているTシャツを指さしました。

「ダース・ベイダーが運動会と一体何の関係があるの？　そんなもの使えるわけないよ」と思いますよね。でも、そう決めつけないでください。

「ダース・ベイダー」をもとに連想すると、「宇宙、フォース、善対悪、ハリウッド」などのキーワードが出てきました。

すると、今度は男友達が興奮して、思わず飛び上がりながら言いました。
「ハリウッド運動会は？　ハリウッド映画のネタで競争するの。たとえば、スター・ウォーズ対戦ではライトセーバーで戦う競技なんかどうかな？」
「いいね、それ！　『ハリー・ポッター』で言えば"クィディッチ（ホウキにのって空を飛びながら輪に玉を入れて競うチーム競技）"だね。前からやってみたかったんだよなぁ」
「私が好きな『ローマの休日』だったら……オードリー・ヘップバーンみたいに、女子が男子を後ろにのせて自転車競走をするのはどうかな？」
　みんな目をキラキラさせながら発想をふくらませました。

> **method** ──── **常識を破る法**

　最後にご紹介する発想法は、「常識を破る法」です。「常識を破る法」とは、常識とされていることを列挙したうえで、それらを1つ1つ否定することによって斬新なアイデアを生み出す手法です。この発想法を活用することで、無意識に私たちの発想を狭めている常識や固定概念を、意識的に壊すことができます。

　ちょうど、アンズちゃんたちが「常識を破る法」を豆電トリオに教えてもらっているようです。ちょっとのぞいてみましょう。

「セニョリータ、セニョール！　調子はどうだ〜い？」

　おヒゲが鼻歌を歌い、フリフリ踊りながらやってきました。しばらく4人のブレインストーミングを聞いていたかと思ったら、「もっとセクシーなアイデアを考えようよ〜」と言って、急に立ち上がりました。

　そして、ゴミ箱の中から紙を1枚取り出し、マーカーで「常識」と大きく書いたかと思うと「もっと常識を破らなきゃ！　こうやって！　粉々に！」と言って紙をビリビリと破り始めました。

　しまいには、ちぎった紙をぱっと宙に投げながら、「常識を破って

本質を
わかりやすく
刺激的に

21世紀型研修
社会人向けプログラム

"世界一"シリーズのベストセラー作家がお送りする
21世紀のビジネスパーソンに必須のビジネススキル研修！

21世紀型スキル

▶ ロジカルシンキング
  (左脳型問題解決力)
▶ イノベーティブシンキング
  (右脳型問題解決力)
▶ プレゼン力

リーダー育成

▶ MBAスキル
  (戦略・マーケティング・ファイナンス)
▶ リーダーシップ

デルタスタジオ　社会人のセミナー　で検索！

お問い合わせ：info@whatisyourdelta.com

国内外の
リーディング
カンパニーに
大好評！

21世紀型教育

子供向けプログラム

夢と才能に火をつける

ビジネス、映画、エンジニアなど様々な体験型授業を通じて、
21世紀に必要な考える力、伝える力、実現する力を育みます。

ビジネス

ゼロからお店の企画から販売までを体験します。何を売るか、いくらで売るかなど、試行錯誤をしながらビジネスに挑戦します。

エンジニア

エジソンの一生を学びながら、電球作りやモールス信号にチャレンジします。

ファッション

デザイナーがアイデアを生み出すプロセスを学びながら、オリジナルTシャツをデザインします。

建築

国内外の建築家について学んだ後、自分の理想の家をデザインします。

映画

映画の撮影や編集について学び、世界でひとつだけのオリジナル映画を作ります。

医療

医師の診察方法を学んだ上で、模擬診察を体験。豚の心臓の解剖にも挑戦します。

 左脳力   右脳力   プレゼン力   リーダーシップ

デルタスタジオ　子供のプログラム で検索！

お問い合わせ： **info@whatisyourdelta.com**

メディアから大注目！！

こそ、新しいモノが生まれる！ オーレッ！」と決めポーズ。

あっけにとられたアンズちゃんたちでしたが、気を取り直して、運動会の常識を模造紙に書き出していきました。「赤組対白組」「校庭で開催」「種目は運動のみ」などと書き出しながら、
「私、てっきり運動会は赤組対白組でやるものと決めつけていたなぁ」
「あっ、校庭以外のところで競技するだけで新鮮なものになるかも！」
「運動以外の要素も組み込んでもいいかもなんて、考えもしなかった」
無意識のうちに、自ら発想を狭めていたことに気づいたようです。
次に、常識を破るキーワードを書き出し、それらを素材としてアイ

常識を破る法

常識	破る
赤組対白組	虹のように7色に分かれて対決
校庭で開催	街中で開催
お弁当を食べる	プロの料理人に作ってもらったものを食べる
種目は運動のみ	運動以外
校内対抗	3校対抗
1年1回	1年複数回
1日6時間	1日2時間

アイデアを組み立てる

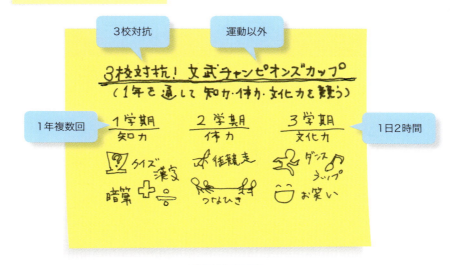

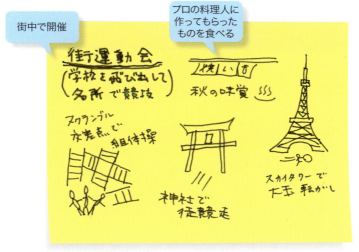

デアを出し合いました。

　1つは「3校対抗！ 文武チャンピオンズカップ」。校内ではなく、学校間で3種目の対抗戦を行います。

　第1回はクイズや暗算などの「知力対決」、第2回は徒競走やつなひきなどの「体力対決」、そして第3回は音楽やダンスなどの「文化力対決」と、1回きりではなく年間を通じて3回競います。

　運動に限らずさまざまな特技をもった子が輝ける場があること、そして共通の"敵"がいるために校内の一体感が生まれること、さらには1年間ずっと盛り上がり続ける点も売りです。

「それ、セクシー!!」

　興奮したおヒゲのアタマがピカッと光ると同時に、ヒゲがポーンと飛び、窓ガラスにペチャッと貼りつきました。

「ツツツーッ」と落ちていくヒゲを慌てて、恥ずかしそうに取りにいくおヒゲ。アンズちゃんたちは気づかないふりをして、さらにアイデアを考えはじめました。

「さぁ！　『常識を破る法』でもう１つ考えてみよう！」

そして思いついたアイデアは「街運動会〜景観を楽しみ、秋の味覚を味わう〜」。神社の鳥居を徒競走で駆け抜けたり、スカイタワーの周りで大玉を転がしたり、マラソンで街の名所をめぐったり、校庭を飛び出して街全体を使った運動会です。

競技を観戦する保護者は、秋の旬な食べ物、サンマのオムスビ、イクラの軍艦巻き、松茸、栗やサツマイモを食べながら観戦を楽しめるのです。もちろん、生徒も競技の合間に食べられます。

どうやら先ほど出てきた「メドックマラソン」のヒラメキ素材にも触発されたようですね。

「これも、セクスィ〜!!」

おヒゲはこちらのアイデアも気に入った様子。アタマがピカッと光ると同時に、ヒゲはまたまたポーンと飛んでいき、今度はツルリのアタマにペチャッと貼りつきました。

「おヒゲさん、お返しします」とツルリは冷静におヒゲにヒゲを返すと、もっていたハンカチでキュッキュと自分のアタマをきれいにふき取りました。

4 「見える化」して絞る

さて、アンズちゃんたちは、ヒラメキ素材と発想法を生かしていろいろな面白いアイデアが出てきたようですね。

アイデアをしっかり広げたら、次は絞っていきます。出てきたアイデアを「絞る」際には、ぜひ「いいね！マップ」を活用してみてください。

method ──── いいね！マップ

「いいね！マップ」とは、アイデアの人気度合いをシールで「見える化」し、効率よくアイデアを絞る手法です。

大小2種類のシール

小さなシール
「いいね！」と思った箇所に貼る。「いいね！」な箇所に1枚、「すごくいいね！」な箇所に2枚。1人合計何枚シールを使ってもよい。

大きなシール
一番よいと思うアイデアに1人1票

シールは大小２種類使います。小さいシールはアイデアを見ながら気に入った箇所に「いいね！」ボタンのように貼っていってください。そして、大きなシールは最後に各自１枚、一番気に入ったアイデアの上に貼るのです。
　一番気に入ったアイデアだけではなく、「いいね！」と思った箇所にもシールを貼ることで、アイデアをさらに磨き上げるための貴重な情報を手に入れることができます。
　具体的には、投票で１番になったアイデア内でも人気・不人気箇所が明確になり、改善方法を考えるきっかけになりますし、負けたアイデアの中でも人気箇所があれば、そのアイデアのカケラを何らかのカタチで生かせないかと考えることができるのです。

　アンズちゃんたちも、豆電トリオのオフィスの壁にすべてのアイデアを貼り出し、チームメンバーだけでなく、豆電トリオの３人にも入ってもらい「いいね！マップ」をやってみました。
「みなさんがんばりましたね、どれも魅力的で迷いますなぁ……」
　ツルリがキュッキュとアタマを磨きながら言いました。
「これもセクシー！　あれもセクシー！　そっちもセクシィ〜！」
　おヒゲはアイデアを見ながら、いまにもヒゲが飛びそうです。
　最終投票の結果は、「スーパー小学生運動会」「オリンピック超人体感運動会」「ハリウッド運動会」の３案にそれぞれ２票ずつと、票がきれいに分かれました。

いいね！マップ

スーパー小学生運動会

Olympic 超人体感運動会

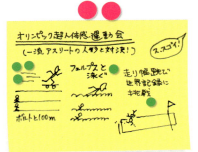

ハリウッド運動会

3校対抗！文武チャンピオンズカップ

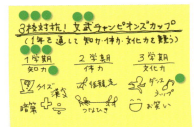

街運動会

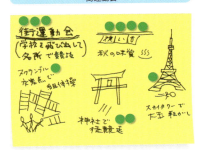

3限目　アイデアを広げて、絞る

「さぁ、アンズちゃん、最後はあなたが決めるのよ。どれが一番いい?」と、ピカ子がアンズちゃんにやさしく声をかけると、アンズちゃんはこくりとうなずき、しばらく考えました。
「ピカ子さん、どうしても1つには絞りきれないです……」
「それなら3つともカタチにしてから勝ち抜き戦をやればいいのよ!」
　そう、1つに絞れないときは複数のアイデアをもう一歩カタチにして、相手にぶつけてみてから1つに絞り込めばいいのです。
　なお、絞る際には、みんなの意見は参考にしつつも、最後は責任を取るリーダーが決めることが重要です。みんなの顔をたてようとして3つの運動会のコンセプトを混ぜ合わせた「ぼやけた解決策」にならないように気をつけてください。

　さぁ、アンズちゃんたちは、アイデアをしっかり広げたうえで、絞り込みましたね。このように、広げるときと絞るときのメリハリをつけることが重要です。みなさんもぜひ意識してみてください。

　では、いよいよ最終ステップ「カタチにし、テストする」に進みましょう。

3限目　アイデアを広げて、絞る

4限目
カタチにし、テストする

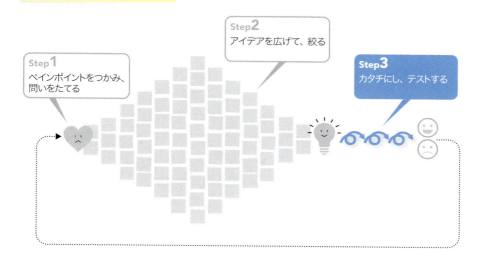

右脳型問題解決の
プロセス

Step1 ペインポイントをつかみ、問いをたてる

Step2 アイデアを広げて、絞る

Step3 カタチにし、テストする

早く失敗し、早く学ぶ

　アイデアを選択したら、次はそのアイデアを「カタチにし、テストする」段階に入ります。

　重要なのは「早く失敗し、早く学ぶ」というマインドをもつことです。私たちは完璧だと思うまで過剰にこだわったり、失敗や批判を恐れたりして、「もうちょっと。あとちょっと」とアイデアを抱え込んでしまうものです。

　しかし、早く素晴らしい答えにたどり着くためには、すばやく試作

カタチにし、テストする
2つのコツ

1 説明するな、体感させよ
2 反応を見る。質問をする

品をカタチにして相手にぶつけ、そこからの学びを生かしていくべきなのです。

　なお、多少粗くてもいいので試作品をすぐカタチにすることを「ラピッドプロトタイピング(Rapid Prototyping)」、略して「ラピプロ」と言います。ぜひ、ラピプロすることを意識してください。

　さて、「カタチにし、テストする」際のコツは2つあります。

① 説明するな、体感させよ
② 反応を見る。質問をする

　では、それぞれについて見ていきましょう。

説明するな、体感させよ

　アイデアをテストする際には、あなたの考えたアイデアの内容を口頭で説明するのではなく、可能な限り実際に体感してもらうことが重要です。

　豆電トリオの例で考えてみましょう。

　アンズちゃんたちが選んだ「スーパー小学生運動会」「オリンピック超人体感運動会」「ハリウッド運動会」の３つのコンセプトについて、いくら言葉を尽くして説明しても、生徒も保護者もなかなか具体的なイメージが湧かないですし、本当に良いアイデアかどうかを判断するのは難しいですよね。

　それよりも、それぞれの運動会の競技を粗くてもよいので、３つずつ実際に体感してもらった方が、よっぽど刺さっているか否かを判断できますし、より効果的なフィードバックを得られます。だからこそ体感が重要なのです。

　たとえば、「上履き飛ばし」競争が面白い100の理由をくどくど説明するより、みんなで校庭に繰り出し、実際に上履きを飛ばしてみた方が、次につながる学びを多く引き出せるのです。

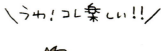

くどくど説明するより

体感してもらう方が良い

2 反応を見る。質問をする

　体感をしてもらっている際には、どんな小さな反応も見逃さないことが重要です。ペインポイントをつかんだときと同じように、彼らの表情や行動をじっくりと観察・共感してください。そうすれば、ここでも貴重な学びをたくさん得ることができます。

　あなたを傷つけないために、面と向かって人はなかなか本音を言ってくれないものですが、表情を見れば、「Wow！（わぁ、すごい！）」と感じているかどうかはたいてい判断できます。「目は口ほどに物を言う」のです。

　そして、体感してもらった後には、質問を通じてフィードバックを

うまく引き出してください。

　質問の仕方には2通りあります。
"はい・いいえ"や"AかB"など、限定された回答の選択肢の中から1つ選んで答えてもらうのが「クローズドクエスチョン」です。アンズちゃんたちで言うと「3つの企画の中でどれが一番面白かったですか？」や「暗記力も問われる持ち物準備リレーなら、運動が苦手な子でも楽しめると思いますか？」というような質問です。

　一方、回答の範囲を制限せずに自由に答えてもらうのが「オープンクエスチョン」です。たとえば、「どのようなところが面白くなかったですか？」や「次回はどのような運動会にすればワクワクしますか？」といったような質問です。

　この2タイプの質問を駆使して、より良いフィードバックを、より多く引き出しましょう。そして、批判にはよりいっそう耳を傾けてください。批判にこそアイデアをさらに磨き上げるためのヒントが眠っているのです。

　なお、体感している最中から質問タイムまで、一連のプロセスを通じてぜひ使っていただきたいのが、「学びキャッチャー」というツールです。
「学びキャッチャー」とは、"よかった点""よくなかった点""疑問に思ったこと""新たに思いついたアイデア"の4つを最大限引き出し、記録するものです。
　あなた自身が自分の気づきや体感者のコメントを書き留めるのはもちろんのこと、体感者たちにもポストイットを手渡して、何でも思いついたことや気づいたことがあったら、その都度どんどん書き出して

もらってください。

　そうすることで、時間の制限があって言えなかった意見や、シャイで発言できないといった人のコメントもモレなくすくい取ることができますし、こっそりサボっている人を本気にさせることもできます。

　さて、アンズちゃんたちの様子をのぞいてみましょう。
「さぁ、カタチにするわよ！　ラピプロ、ラピプロ！」
　ピカ子が元気よく声をかけています。アンズちゃんたちは、3つの運動会のポスターを作成し、それぞれ3競技ずつ体感してもらったうえで、どの運動会が生徒と保護者の観点から見て一番人気かを探ってみました。

　すると競技者も観戦者も「スーパー小学生運動会」で断トツに盛り上がりました。生徒は「すごく楽しい！　最高!!」と大はしゃぎ。保護者も「懐かしい！　上履き飛ばし、私たちもやったよねぇ」などと楽しそうに話し合っていました。

学びキャッチャー　　　　　点数 88 点

😀 よかった点

- 学校での「あるある」体験がたっぷりで、競技自体がとても楽しい！

- 「持ち物準備リレー」などで、運動が苦手な子でも輝ける！足が遅くても暗記力で勝負！

- 「上履き飛ばし」など、保護者も自分の小学生時代の懐かしい思い出がよみがえる

☹️ よくなかった点

- 「持ち物準備リレー」は観戦者が見づらい

- 「雑巾がけ競争」は誰が勝つか初速ですぐわかってしまう　リレーにした方が逆転ドラマが生まれそう？

❓ 疑問に思ったこと

- 競技会場が教室や校庭にばらけると、競技の様子や得点がわからなくならないか？どうすれば一体感を保てるか？

❗ 新たに思いついたアイデア

- 「メンコ」や「コマ」など保護者の小学生時代に流行った遊びを競技にする

さらに投票をしてもらうと、7割以上の票を集め圧倒的な人気。そして平均点もこれまでの運動会の65点と比べて、88点とグッと高まりました。
　しかし同時に、改善点も数多く見えてきました。
「観戦者からの立場からすると見にくいし、もっとワクワクさせる演出方法があるはず」「雑巾がけ競争は、誰が勝つか初速ですぐわかってしまうのであまり面白くない」などなど……。
「よし、この学びを生かそう！　絶対にみんなに感動してもらえるような運動会を実現しよう！」
　アンズちゃんは元気に仲間に声をかけました。まだまだアイデアは粗くて改善の余地はあるけれど、大まかな方向性としては間違っていないと手応えを感じたようです。
　もう夜の7時ですが、今日のフィードバックをもとに改善案を練り上げていこうと、アンズちゃんたちは豆電トリオの事務所に帰っていきました。

GBを目指そう！

　素晴らしい解決策は、右脳型問題解決のプロセスを１度回しただけでは生まれません。仮に相手にあなたの解決策が刺さったとしても、学びを生かしてアイデアをさらに磨き上げてください。

　そして、逆にまったく刺さらず方向転換を余儀なくされても、そう落ち込まないでください。むしろ「早く気づいてよかった」と前向きにとらえるのです。気分転換に音楽を聴きにいくのもよし、サーフィンをするのもよし、ぐっすり寝るのもよし。

　このプロセスを、遊びゴコロをもって繰り返してください。そうすれば、必ずペインポイントに深く刺さる解決策を生み出せるはずです。

　素晴らしいアニメーション映画を世に送り出し続けているあのピクサー・アニメーション・スタジオでさえ、「どの映画も、作り始めは目も当てられないほどの駄作だ」と社長は言っています。

　情熱をもって、そして遊びゴコロをもって「カタチにし、テストする」プロセスを繰り返すことで、あのＧＢ（Goosebump：鳥肌が立つほど素晴らしい）な映画は出来上がるのです。

　素晴らしいアイデアをカタチにする人たちに共通するのは、優れた着眼点や発想力だけでなく、何よりも目指すレベルの高さです。

　みんな「ＧＢ」と自信をもって言えるものをカタチにするまで満足せずに、３つのステップを何度も何度も繰り返し回し続ける人たちなのです。

　みなさんも、ぜひＧＢを目指してください！

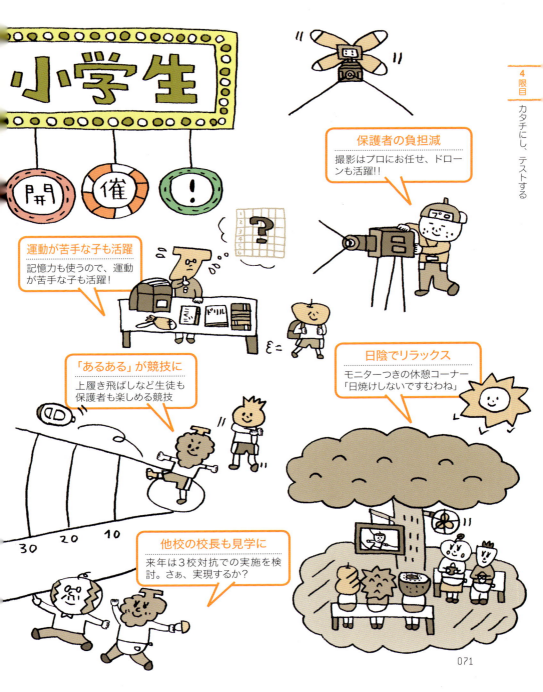

エンディング
さぁ、結果は……？

「これにて、第1回スーパー小学生運動会を閉会します！」
　校長先生の挨拶が終わると「ドーン！　ドーン！　ドーン！」と、色鮮やかな花火が打ち上がりました。
　そして花火の音に負けないほどの盛大な拍手と、「ブラボー！」「来年もやりたい！」と賞賛の声が校庭に響きました。さらには「次は絶対に勝ちたい！　毎日昼休みに練習しよう！」と、早くも来年に向けて動き出している子もいるようです。
　そう、運動会は、大、大、大成功したのです！
　運動が得意な子、苦手な子、そして保護者のココロをわしづかみにしたのです。
　今回の新しい挑戦を面白く思わない生徒や保護者もいて、一時はどうなるかと思いましたが、アンズちゃんたちは、「ほっ」と胸をなでおろしました。

　そして、なんと運動会の翌朝のこと。
　アンズちゃんたちが企画した「スーパー小学生運動会」がヤホーニュースのトップ記事になりました。
　保護者の中に記者の方がいたようで、「スーパー小学生運動会」というコンセプトの面白さ、生徒と保護者の当日の熱狂ぶりだけでなく、小学生4人の主導でこの運動会をカタチにしたことが大きく取り上げられました。

4限目　カタチにし、テストする

　カラカラン！
　運動会の翌日の夕方。
　豆電トリオの事務所のドアが少し開き、アンズちゃんがひょこっと顔を出しました。

「ちょっとお邪魔していいですか？」とアンズちゃん。
「で、どうだった？　パパとママは来てくれたの？」とピカ子が聞いてみると……。
「うん！　パパもママもジイジもバアバも『こんなに楽しい時間を過ごしたのはいつぶりかな？』だって！」
　うれしい気持ちを抑えきれず、その場でピョンピョンと何度も飛び上がりました。
　そして、アンズちゃんは豆電トリオの3人に駆け寄ってハグすると……。
「本当にあり、が、と、う、うっ…うっ……」
　みんなに喜んでもらえたうれしさ。プレッシャーから解放されたこと。そして何より温かく見守ってくれた豆電トリオへの感謝の気持ちが大粒の涙となって、アンズちゃんの瞳からあふれ出しました。
「どうぞ」と、ツルリがそっとハンカチを差し出すと……。
　顔をぐちゃぐちゃにしてもらい泣きをしていたおヒゲが勘違いして「あ、ありがとう！」とハンカチをつかみ、「チーン」と鼻をかみました。

カラカラン！
アンズちゃんが帰宅すると……。
「さっ、私たちもがんばるよ！」
ピカ子がおヒゲとツルリに声をかけると、2人はさわやかに微笑み、豆電トリオはよりいっそうキラキラして仕事に取りかかり始めました。
豆電トリオが生み出す次の「Wow！（わぁ、すごい！）」な何かを楽しみにしていてください。
いつか、みなさんのもとに届くかもしれません。

4限目 カタチにし、テストする

あとがき

　第1弾、左脳型の問題解決本を書いてから10年。デルタスタジオを立ち上げてから10年が経ちました。
「Ignite dreams. Empower challengers.（夢に火をつけ、挑戦者たちをエンパワーする）」というミッションを掲げ、「どうすれば21世紀にイキイキと活躍する人材を育てられるのか」という問いに答えるためにこの10年間を費やしてきました。
　そして、必要とされているのはトップダウンかつマクロな提言などではなく、ＧＢ（Goosebump：鳥肌が立つように素晴らしい）な教育プログラムを作ることだと信じ、現場に立ち、試行錯誤を繰り返してきました。
　その過程を通じて生まれたプログラムの1つが、この右脳型問題解決力です。
　前著でご紹介した左脳型の問題解決力は、きわめて威力のあるものです。モレなく考え、事実にもとづいて意見とその理由を考え抜くことによって的確に問題をとらえ、解決策を考えることができるようになります。
　しかし、左脳型だけではなかなかブレークスルーとなるような解決

策や「Wow!(わぁ、すごい!)」と人を驚かせ、感動させるような新しいモノやコトは生み出せないのです。

　左脳型と右脳型の両輪を使いこなせるようになれば、鬼に金棒です。私たちデルタスタジオは、そんな人たちがこの世をより良く、より面白くしてくれると思っています。
　そして、そのような人材を輩出するために、子供たち、そしてビジネスパーソンたちにこの手法を教えてきました。
　この問題意識は私たちデルタスタジオだけでなく、世界的なもので、ビジネススクールや企業も「右脳的」要素を強化しようとしています。
　ハーバード・ビジネススクールは、これまで企業のマネジメントができる人材は育ててきたが、0→1やイノベーションを起こす力は育成してこなかったとの反省から右脳型教育を強化し、マッキンゼーはデザインコンサルティング会社を買収しました。
　そして、グーグルのようなシリコンバレーの企業だけでなく、ＧＥ（ゼネラル・エレクトリック）のような重厚長大な企業までもが、このような考え方を組織のＤＮＡに注入しようとしています。

世の中には先人が培った素晴らしい考え方や手法がすでに存在していますが、残念ながら、それらは一部の世界の人たちによって使われているだけで、多くの人に届いていません。
　これでは、あまりにもったいない。

　私たちデルタスタジオの役割は、「本質をわかりやすく、楽しく、刺激的に」表現することによって、より多くの人々にこれから必要とされる21世紀型スキルを届け、ひとりひとりが夢をカタチにする力になることだと思っています。
　井上ひさしさんの「むずかしいことをやさしく、やさしいことをふかく、ふかいことをおもしろく」にはまだ遠く及びませんが、このテーマを少しでも楽しくお届けできたのであればうれしいです。
　前著『世界一やさしい問題解決の授業』もこのような想いで世に出しました。10年前は「ロジカルシンキングや問題解決という言葉を聞いたことがありますか？」と聞いても、手を挙げる人は100人に1人いるかいないかでした。
　先日、同じ質問をしたところ、全員が手を挙げました。同じことが

10年後、右脳型問題解決で起こることを願っております。
　みなさんがこの右脳型問題解決の手法を使って隣の人をより笑顔に、そして世界をより良く、より面白くしていただければうれしいです。

What is your delta?

デルタスタジオ
渡辺健介

謝辞

　この本はデルタスタジオを支え、応援してくださるみなさまのお陰でカタチになりました。
　クライアントのみなさま、
　生徒のみんな、
　保護者のみなさま、
　スタッフのみんな、
　家族や友人たち、
　出版社、デザイナー、イラストレーターのみなさま、
　そして、いつも温かくデルタスタジオを応援してくださるみなさまに感謝の言葉を送ります。

　特にトケちゃんとユリちゃんには何度も何度も原稿を読んでもらい、貴重なフィードバック・赤入れをしてもらい、たくさんの素晴らしきアイデアをいただきました。
　この本はみんなの本です。

　そして、両親には北海道の滞在先に居候をさせてもらい、雄大な自

然の中で執筆することでこの本をカタチにすることができました。
　本当にありがとう。

　デルタスタジオを立ち上げて10年。
　あっという間の10年でした。
　現場に浸かり、作っては教えて、反応を感じとっては修正して。
　彫刻を作るような10年。
　充実した、楽しい10年でした。

　10年後はどこにいるか？　楽しみです。

　これからもデルタスタジオを何とぞよろしくお願い致します！

巻末付録

この本のまとめ
おすすめグッズ

この本のまとめ

本書のポイントをステップ別にまとめてご紹介します。

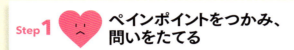

Step1 ペインポイントをつかみ、問いをたてる

自らの感性を総動員し、観察や体験を通じてペインポイント(「痛む」ポイント：不満や悩みの種)をつかみ、解決すべき問いをたてる。

1 そもそも何のため？

まずは「そもそも何のため？」と問いかけて、根っこの目的を明確にしましょう。私たちはついつい一手段の改善にとらわれたり、これまでの延長線上で物事を考えたりしてしまいがちです。根っこの目的に立ち返り、視点を高めることで、これまで見逃していたペインポイントや、より幅広い解決策を考えるきっかけとなります。

2 観察する。共感する

あなたの感性を総動員して、データやインタビューからは得られないペインポイントをつかみましょう。現場に足を運び、表情やふとしたコメントも見逃さずに観察し、相手に共感してください。自ら体験してペインポイントを見つけることも効果的です。

3 ワクワクする問いをたてる

ペインポイントをつかむだけでは、もちろん問題は解決しません。「どうすれば……？」という質問形式に変換することで、解決策を考えるアタマに切り替えましょう。そして、目指す基準の高さをワクワクする言葉で表現することで、創造力を刺激しましょう。

Step 2 アイデアを広げて、絞る

ヒラメキ素材や発想法などを生かして、たくさんアイデアを生み出したうえで、最良のアイデアを選択する。

1 数、数、数

2、3個のアイデアを考えただけで満足していませんか？ まずは質より量。「でも」とすぐに否定せず、「いいね」で広げましょう。ダラダラと考えずに、あえて短い時間で区切ることで、期末試験5分前のような「火事場のバカヂカラ」を引き出すことも有効です。

2 ヒラメキ素材を集める

素材がなければ料理はできないように、素材がなければ良いアイデアは生み出せません。素材は文章だけよりも、写真や絵などひと目でわかる形で、貼り出して眺めることで脳が触発されます。なお、「近い」素材は使い古されていることが多いので、意識的に「遠い」素材も集めましょう。「遠い」素材を生かすことでブレークスルーとなるアイデアが生まれることが多々あるのです。

3 発想法を使う

アイデアを生み出すためのアタマの使い方にはコツがあります。発想法を使うことで、素材から連想してアイデアを生み出す力や、固定概念にとらわれないアイデアを生み出す力を高めることができます。「ズラシ法」、「ランダム法」、「常識を破る法」などを使って、クリエイティブなアイデアを生み出しましょう。

4 「見える化」して絞る

「いいね！マップ」でアイデアの人気度合いをシールで「見える化」し、効率よくアイデアを絞りましょう。そして最終決定は、みんなの意見を参考にしつつも、結果責任を取るリーダーが下してください。みんなの顔をたてようとして、中途半端にアイデアを組み込み、ぼやけた解決策になってしまっては本末転倒です。

Step3 カタチにし、テストする

アイデアをすぐカタチにし、相手にぶつけることによって、得た学びをすぐさま生かす。

1 説明するな、体感させよ

なんでも口頭で説明しようとしていませんか？ 説明するよりも実際に体感してもらったほうが、ＧＢ（Goosebump：鳥肌が立つほど素晴らしい）なアイデアかどうかを判断できますし、はるかに効果的なフィードバックを得られます。「早く失敗し、早く学ぶ」ために、粗くても構わないので、ラピプロ（素早く試作品をカタチにすること）して、テストしましょう。

2 反応をみる。質問をする

テストをする際に、最大限学びを引き出せていますか？ テスト中の反応にこそ貴重な情報が詰まっています。ペインポイントをつかむ時と同様に、表情や行動をじっくりと観察してください。体感してもらった後には、クローズドクエスチョンやオープンクエスチョン、「学びキャッチャー」を使ってフィードバックをしっかりと引き出しましょう。なお、本音を言ってもらうために、批判や辛口のコメントを言いやすい雰囲気を作ることも重要です。

sheet & method 一覧

付録

Step1

sheet

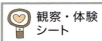 観察・体験シート

 ワクワク問いたてシート

Step2

method

 ボックスチャレンジ

ズラシ法

ランダム法

常識を破る法

いいね!マップ

Step3

sheet

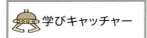 学びキャッチャー

おすすめグッズ

右脳型問題解決を効果的に行うためのグッズをご紹介します。

1 必需品

右脳型問題解決を行ううえで欠かせないグッズ。自分の部屋やミーティングルームに常に用意しておきましょう。

付箋（ふせん）

ちょっとしたアイデアを書き留めるための小さい付箋（ふせん）と、イラストも描けるハガキ大の付箋（ふせん）の２種類を用意してください。

Ａ４サイズの白紙

普通のコピー用紙で構いません。メモ帳として使ったり、詳細なアイデアを描き出したりする際に使います。

色ペン

付箋（ふせん）や白紙に書き込む際は、貼り出しても読みやすいように、ボールペンではなく少し太めの色ペンを使ってください。カラフルなペンを使うことで、楽しく自由な雰囲気になります。STABILO社のPen 68の10色セットがオススメです。

テープ

アイデアをスケッチした紙やヒラメキ素材などを貼り出す時に使います。

投票用シール（大・小）

「いいね！マップ」でアイデアに投票する際に使用します。大・小で異なる色のシールを用意してください。小さいシールはアイデアの中の気に入った箇所に貼り、大きなシールは一番気に入ったアイデアを選ぶ際、タイトル付近に各自1枚だけ貼ります。

タイムタイマー

残り時間がひと目でわかる時計。時間を区切り、残り時間を可視化することでチームのタイムマネジメントを手助けするだけでなく、適度な緊張感を保ち、集中力を高めます。

ホワイトボード、大きめのボード、模造紙

アイデアやヒラメキ素材を貼り出したり、議論をまとめたりする時に使います。議論した内容やヒラメキ素材などを一覧できるようにしておきましょう。

2 ラピプロ用グッズ

デルタスタジオの右脳型問題解決ワークショップで、ラピプロ用に準備しているグッズをご紹介します。色画用紙や工作用紙だけでなく、レゴや風船やリボンなど遊び心を刺激する素材も用意しましょう。

道具：カラーマーカー、はさみ、カッター、のり、テープ
材料：色画用紙、工作用紙、レゴブロック、レゴ人形、紙皿、紙コップ、割り箸、竹ひご、紙粘土、アルミホイル、風船、リボン、ひも、カラーモール

3 その他おすすめグッズ

お菓子、コーヒー

右脳型問題解決では思っている以上にエネルギーを消費します。エネルギー切れにならないよう、途中でコーヒーブレイクをはさみましょう。糖分が含まれているチョコレートや飴（あめ）などがオススメです。

ノイズキャンセリングヘッドフォン、音楽

ひとりでじっくりアイデアを考える際は、ノイズキャンセリングヘッドフォンで雑音をシャットアウトして集中することをオススメします。そして、アップテンポな音楽でテンションをあげたり、スローな音楽でリラックスしたり、状況に応じて音楽を変えて、思考・議論のテンポや雰囲気を調節するとよいです。

ロッキングチェア、ビーンバッグ（大きめのクッション）

アイデアを考える際には、必ずしもじっと机に向かっている必要はありません。行き詰まったり、疲れてきたりしたら、椅子に揺られながら考えるのもよし、ビーンバッグでリラックスした姿勢で考えるのもよし。もちろん休憩用にも使えます。

リラックスグッズ（ボール、卓球等）

脳が疲れてきたら、ボールを投げたり、卓球をしたり、身体を動かして気分転換しましょう。ちなみにデルタスタジオでは、アイデアが煮詰まると、モンスターズインクのマイク・ワゾウスキのぬいぐるみを使ったキャッチボールがはじまります。マイクには申し訳ないのですが、球体で投げやすい上に、手足がついていてつかみやすいのです。ブレストをしながらキャッチボールするのに最適です。

ウォーキング／ランニングシューズ

時にはお気に入りのシューズを履いて外に飛び出し、散歩や軽いランニングなど、身体を動かしてリフレッシュしましょう。スティーブ・ジョブズも "Let's take a walk"（歩こう）と言って、よく散歩しながらアイデアを考えたり、ミーティングをしたりしていたとのことです。

付録

カード＆カードフォルダ

普段からヒラメキ素材になりそうなネタをイラストとコメント入りでカードに書き留めておき、カードフォルダに分類しておきましょう。カードの代わりに、スマホで写真を撮っておき、一行コメントを入れるのもオススメです。

［著者略歴］

渡辺健介
わたなべ・けんすけ

デルタスタジオ 代表取締役社長
1999年イェール大学卒業（経済専攻）、マッキンゼー・アンド・カンパニー東京オフィスに入社。ハーバード・ビジネススクールに留学後、マッキンゼー・アンド・カンパニーニューヨークオフィスへ移籍。2007年に同社を退社し、デルタスタジオを設立。著書の『世界一やさしい問題解決の授業』は25カ国、15言語以上で発売の世界的ベストセラー。

［会社概要］

デルタスタジオ

"Ignite dreams. Empower challengers." をミッションとして掲げ、21世紀にイキイキと活躍する人材を育成している。企業・官庁向けに経営コンサルティングや研修を提供し、子供向けには "夢と才能に火をつける" 21世紀型教育プログラムを開発・展開。詳しくは下記ホームページまで。

● デルタスタジオ　http://www.whatisyourdelta.com

世界一やさしい
右脳型問題解決の授業

2018年1月17日　第1刷発行

- 著者　　　　　　渡辺健介
- 発行所　　　　　ダイヤモンド社
　　　　　　　　　〒150-8409　東京都渋谷区神宮前6-12-17
　　　　　　　　　http://www.diamond.co.jp
　　　　　　　　　電話　03-5778-7232（編集）　03-5778-7240（販売）

- 装丁・本文デザイン　遠藤陽一（DESIGN WORKSHOP JIN, Inc.）
- 装画・本文イラスト　matsu（マツモト ナオコ）http://matsu.petit.cc/
- 製作・進行　　　ダイヤモンド・グラフィック社
- 印刷　　　　　　勇進印刷（本文）加藤文明社（カバー）
- 製本　　　　　　ブックアート
- 編集担当　　　　前澤ひろみ

©2018 Kensuke Watanabe
ISBN 978-4-478-10119-3

落丁・乱丁本はお手数ですが小社営業局宛にお送りください。
送料小社負担にてお取替えいたします。但し、古書店で購入されたものについてはお取替えできません。
無断転載・複製を禁ず
Printed in Japan

好評発売中

シリーズ第1弾！　ますます話題のロングセラー！

世界一やさしい問題解決の授業

世界最高峰の
コンサルティング会社で学んだ
問題解決の考え方を、
中高生にもわかるように解説

渡辺健介［著］
定価（本体1200円＋税）

人生に必要なことは、すべてこの一冊に入っている

自分の答えのつくりかた

世間の常識に流されずに、
考え抜き、行動する力、
自分の力で生きる力を
身につける

渡辺健介［著］
定価（本体1600円＋税）

http://www.diamond.co.jp/